DÉCODEZ LES SECRETS DE VOTRE

THÈME ASTRAL

Laurence Luminastro

SOMMAIRE

AVANT-PROPOS

Le jour de notre naissance, nous poussons notre premier cri, donnant ainsi l'élan pour nous engager dans ce voyage terrestre qui s'ouvre devant nous.

Nous prenons les rênes de notre monture et chevauchons vers l'inconnu. Notre parcours sera jalonné d'expériences, de rencontres, de joies, de peines, de questionnements. Ce qui fera de nous qui nous sommes.

Le thème astral est comme la boussole que le voyageur utilise pour se guider sur le chemin qu'il emprunte. Au moment de notre venue au monde, les planètes et les signes se positionnent dans le ciel pour nous laisser des indices et nous aider dans notre cheminement.

Au travers de ces repères célestes laissés pour vous, les cartes proposées dans ce coffret vous invitent à une odyssée temporelle vers la connaissance de soi.

Devenez un « apprenti-sage » de la voie lactée et percez le mystère de votre personnalité !

> *Porter le regard vers le ciel,*
> *Et dévoiler notre Essentiel.*
> *Prendre de la hauteur,*
> *Pour découvrir notre profondeur.*
> *Et si le Ciel était à portée de nos mains ?*

NAISSANCE D'UNE PASSION

Je suis née en 1967 dans l'est de la France, au pays de la mirabelle. Aujourd'hui, je suis thérapeute holistique et spécialisée en astrologie.

J'ai passé vingt-trois ans dans l'univers de la finance puis, sans crier gare, une maladie est venue tout chambouler sur son passage. Pour faire face à ce tsunami, je suis partie en quête de ma propre connaissance. J'ai toujours été attirée par le domaine du mystère, les mondes invisibles et l'astrologie. Mais en les observant toujours à distance. Cet événement m'a poussée à chercher, à comprendre, et l'envie de découvrir les messages de mon thème astral est née tout naturellement.

Les échanges avec trois astrologues qui ne me connaissaient pas et ne se connaissaient pas entre eux ont été tellement bluffants que je me suis lancée dans l'étude de l'astrologie : je me suis ainsi formée en suivant des cours particuliers et collectifs, en participant à des séminaires et en lisant de nombreux ouvrages.

Depuis 2015, forte de toute cette expérience vécue et profondément transformatrice, j'ai à cœur de partager mon savoir avec le plus grand nombre, en proposant l'analyse de thèmes de naissance. Afin de démocratiser un domaine qui, à première vue, peut paraître difficile d'accès, je transmets également avec passion mes connaissances au cours d'ateliers de découverte.

Fille d'un photographe, l'univers de l'image coulait déjà dans mes veines depuis l'enfance : tout naturellement, l'idée de réaliser des cartes illustrées des symboles de l'astrologie accompagnés de leurs mots-clés a donc germé dans mon esprit. Ainsi est né ce jeu de cartes « d'apprenti-sage » qui permet aux débutants comme aux passionnés d'aborder l'astrologie de façon ludique.

PARTEZ
À LA DÉCOUVERTE
DE L'ASTROLOGIE

LA COMPOSITION DE VOTRE COFFRET

Dans votre coffret, vous trouverez différents éléments qui vous permettront d'aborder de façon claire et pratique votre thème astral :

- **douze cartes Signes astrologiques**
- **douze cartes Maisons**
- **quinze cartes Planètes et autres points particuliers**
- **huit cartes Aspects principaux, Modes et Éléments**
- **quatorze jetons représentant les planètes et les points particuliers**
- **un plateau pour recréer votre thème astral**

LES CARTES ET LES JETONS

Les cartes que nous vous proposons sont destinées à vous faciliter l'approche de l'astrologie, à vous permettre de décrypter votre thème astral et à vous connecter aux énergies astrales qui vous accompagnent depuis votre naissance.

Pour mieux ressentir les énergies des signes, des planètes et des maisons, le choix s'est imposé d'indiquer des mots-clés sur chaque carte, dont la couleur symbolise l'élément (Feu, Terre, Air, Eau) auquel elle se rattache.

Par exemple :

+ **le Bélier, signe de Feu : carte rouge**
+ **le Taureau, signe de Terre : carte orange**
+ **le Gémeaux, signe d'Air : carte verte**
+ **le Cancer, signe d'Eau : carte bleue**

Laissez-vous imprégner par les images, les couleurs, les mots-clés : vous entrerez plus aisément en contact avec la quintessence de chaque signe, maison, planète, aspect et, finalement, vous vous rencontrerez « vous-m'aime ».

Afin de vous repérer plus facilement, les illustrations figurant sur les cartes des signes et des planètes, et sur les jetons vous sont présentées en pages 8 à 10.

LES PLANÈTES ET LEURS JETONS

SOLEIL ☉

LUNE ☾

VÉNUS ♀

MARS ♂

JUPITER ♃

SATURNE ♄

URANUS ♅

NEPTUNE ♆

MERCURE ☿

PLUTON ♇

LUNE NOIRE ⚸

CHIRON ⚷

NŒUD NORD ☊

NŒUD SUD ☋

LES SIGNES ASTROLOGIQUES	
BÉLIER ♈ Guerrier	**TAUREAU** ♉ Nourricier
GÉMEAUX ♊ Orateur	**CANCER** ♋ Protecteur
LION ♌ Souverain	**VIERGE** ♍ Dévouée
BALANCE ♎ Conciliatrice	**SCORPION** ♏ Alchimiste
SAGITTAIRE ♐ Aventurier	**CAPRICORNE** ♑ Architecte
VERSEAU ♒ Visionnaire	**POISSONS** ♓ Mystique

LE PLATEAU DE JEU

Le plateau vous permet de reconstituer votre propre thème astral. Il reproduit la roue des maisons, qui indiquent le cheminement des expériences terrestres à travers elles (voir p. 15).

La lecture des maisons s'effectue dans le sens inverse des aiguilles d'une montre, en commençant à gauche de la carte par la maison 1 (correspondant à l'ascendant).

> *Amusez-vous à positionner les jetons des planètes dans les maisons selon ce qu'indique votre thème !*

Éveil à soi, à son intériorité et à son intuition :

✦ Maisons 1 (ascendant-AC*), 2 et 3 : Comment je me découvre, je me développe et je m'ouvre à mon environnement proche ?

✦ Maisons 4 (fond du ciel), 5 et 6 : Comment je me centre, je m'exprime et je m'améliore ?

Éveil à l'autre et au monde extérieur :

✦ Maisons 7 (descendant*), 8 et 9 : Comment je découvre les autres, j'abandonne mon ego et j'élargis mes horizons ?

✦ Maisons 10 (milieu du ciel-MC), 11, 12 : Comment j'œuvre dans le monde et me laisse traverser par les énergies au-delà de ma personne ?

*Ascendant : le signe qui se lève à l'horizon au moment de la naissance et correspond à la maison 1.

*Descendant : le signe qui correspond à la maison 7.

RÉCUPÉREZ VOTRE THÈME ASTRAL SUR INTERNET

Pour trouver votre thème astral de naissance, vous pouvez utiliser le site www.astrotheme.fr : l'onglet « Personnalité / Ascendant et thème astral » vous dévoilera la carte astrale de votre naissance, que vous pourrez imprimer.

Pour que la représentation dessinée de votre thème apparaisse, il vous suffit d'indiquer votre date de naissance, votre heure de naissance précise et votre lieu de naissance.

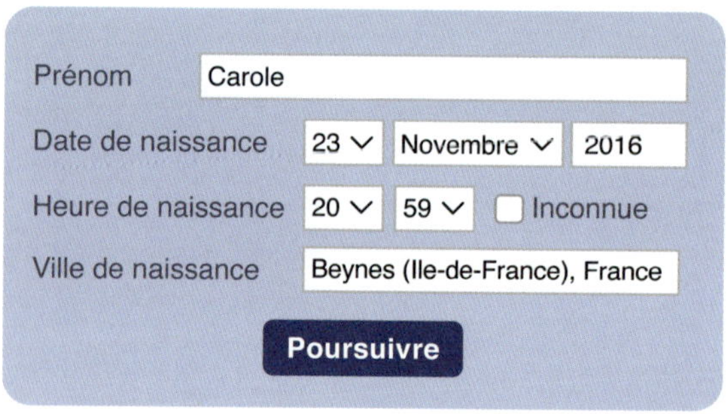

Sur la carte astrale présentée ci-contre – et qui servira de référence tout au long du livre –, vous pouvez remarquer certains sigles en gris : ils correspondent à des points particuliers, comme des astéroïdes tels que Junon, par exemple :

Seuls Chiron, la Lune noire et les nœuds lunaires (nœud Nord et nœud Sud) sont abordés dans les cartes et le livret.

> *Sur votre propre carte astrale, repérez les planètes : dans quelles maisons et quels signes se situent-elles ?*

REPRÉSENTATION DU THÈME ASTRAL

Tous les traits à l'intérieur du cercle correspondent à des aspects (voir p. 81 à 91) : par exemple, sur cette carte, le trait bleu indiqué par la flèche bleue montre un aspect de trigone, et le trait rouge désigné par la flèche rouge montre un aspect d'opposition.

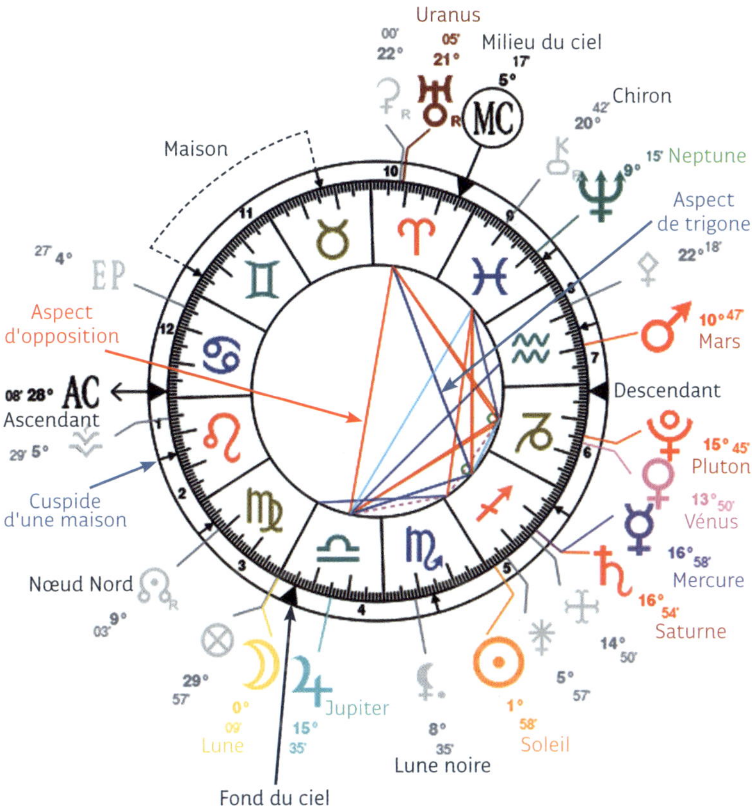

Carte fournie aimablement par le site Astrothème, www.astrotheme.fr

L'ARCHITECTURE ASTRALE

LES PLANÈTES

Au nombre de dix, elles représentent vos aptitudes pour accomplir le voyage terrestre commencé au jour de votre naissance, les fonctions utilisées pour avancer tout au long de votre vie, agir, penser, vous libérer, vous transformer, partager, rayonner, vous relier, aimer, ressentir... La manière dont elles vont s'exprimer dépendra du signe où elles se situent.

LES SIGNES

Chacun des douze signes teintent les planètes et les maisons de leur énergie.

LES MAISONS

Se visualisant grâce aux chiffres positionnés autour du cercle, les maisons figurent le cheminement à travers les champs d'expérience de la vie.

De la maison 1 à la maison 12, nous passons par différentes expériences : nous naissons, grandissons, découvrons, apprenons. Puis vient le moment de nous lier aux autres – sur les bancs de l'école, dans notre voisinage, au travail. Nous aimons, partageons, transmettons. Toutes ces périodes qui jalonnent notre vie sont représentées dans les maisons astrologiques.

La lecture des énergies célestes qui colorent ces champs d'expérience permet de mettre en lumière vos atouts, vos défis. Elle apporte une compréhension des ressentis enfouis au plus profond de vous et qui ont parfois du mal à remonter à votre conscience.

MAISONS	SIGNES D'ORIGINE	CHAMPS D'EXPÉRIENCE ET CHEMINEMENTS
MAISON 1 (ascendant-AC)	**BÉLIER** Guerrier	J'expérimente mon identité et découvre qui je suis
MAISON 2	**TAUREAU** Nourricier	J'expérimente mes ressources et découvre mes dons
MAISON 3	**GÉMEAUX** Orateur	J'expérimente ma curiosité, mon entourage, et découvre ma capacité de communication
MAISON 4 (fond du ciel)	**CANCER** Protecteur	J'expérimente mes racines, mon ressenti, et découvre mes fondements
MAISON 5	**LION** Souverain	J'expérimente mes passions et découvre ma créativité
MAISON 6	**VIERGE** Dévouée	J'expérimente mon quotidien et découvre comment l'améliorer
MAISON 7 (descendant)	**BALANCE** Conciliatrice	J'expérimente la relation et découvre le contact avec l'autre
MAISON 8	**SCORPION** Alchimiste	J'expérimente l'ombre de l'autre et découvre ma puissance de transformation
MAISON 9	**SAGITTAIRE** Aventurier	J'expérimente l'élargissement de mes horizons et découvre ma spiritualité
MAISON 10 (milieu du ciel-MC)	**CAPRICORNE** Architecte	J'expérimente la vie en société et découvre mon positionnement social
MAISON 11	**VERSEAU** Visionnaire	J'expérimente la vie de groupe et l'amitié, et découvre ma fraternité
MAISON 12	**POISSONS** Mystique	J'expérimente la vie en retrait et découvre ma connexion à l'Univers

La lecture des maisons s'effectue dans le sens inverse des aiguilles d'une montre : l'ascendant correspond à la maison 1, située à gauche de la carte.

Pour les repérer, les maisons sont délimitées par des flèches sur la roue du zodiaque. Le début d'une maison s'appelle une « cuspide ». Le signe dans lequel tombe la cuspide de la maison colore la maison entière de ce signe.

Par exemple, dans la carte de référence (p. 13), la cuspide de la maison 2 tombe sur le signe du Lion : on dit alors que « la maison 2 est en Lion ».

Il se peut que deux maisons tombent dans le même signe. Puisque qu'il existe douze signes et douze maisons, dans le cas où deux maisons portent le même signe, alors deux signes ne représenteront aucune maison : c'est ce que l'on appelle une « interception ». Retenez que, lorsque deux signes sont « interceptés », leurs énergies sont plus difficiles à appréhender, car elles sont davantage intériorisées, un peu comme les planètes rétrogrades (voir p. 78).

LES ASPECTS

Des traits sont dessinés entre les planètes. Appelés « aspects », ils représentent la manière dont les planètes vont interagir entre elles. Ils sont comme des trajets que nous empruntons sur notre chemin : ils pourront parfois être paisibles (tracés en bleu) ou dynamiques (tracés en rouge), ou encore difficiles d'accès (tracés en vert).

Tout aspect implique toujours au moins deux planètes, l'une dite « rapide » et l'autre dite « lente ». On prend en compte le temps que met la planète pour faire le tour du zodiaque.

Par exemple, la Lune met 28 jours à faire le tour du zodiaque et Uranus, 84 ans. Si ces deux planètes sont reliées par un aspect, la Lune sera la planète rapide et Uranus, la planète lente.

La Lune vient faire un aspect à Uranus lorsqu'elle est distante d'elle d'un certain nombre de degrés, comme 120° pour un trigone (voir p. 87), 180° pour une opposition (voir p. 91), etc.

La Lune doit ainsi conscientiser des efforts à réaliser, revoir son fonctionnement face aux principes et à la fonction symbolisés par Uranus, la planète la plus lente.

Les aspects sont abordés de différentes manières en fonction des astrologues. Certains considèrent les aspects exacts : par exemple, un trigone entre deux planètes se forme lorsqu'elles sont à 120° l'une de l'autre, mais également dans un signe de même élément (Terre, Air, Eau, Feu). Dans la carte présentée, on observe un trigone entre Uranus et Saturne-Mercure, planètes qui sont dans le même élément de Feu.

Il arrive parfois que deux planètes soient espacées de 120° sans tomber dans un élément identique. Certains astrologues considèrent malgré tout qu'elles forment un trigone : on appelle cela un « aspect dissocié ».

Les sites tels qu'Astrothème prennent également en compte l'aspect même s'il ne se trouve pas dans le même élément ou le même mode (cardinal, fixe, mutable, voir p. 95), considérant uniquement le degré d'écart entre les planètes.

Le principe de base indiqué sur les cartes présentées repose sur le degré et l'élément.

> *Douze signes, douze maisons, dix planètes – et les aspects entre elles –, vous servent de guides dans votre parcours.*

LISEZ VOTRE THÈME ASTRAL

LA LECTURE AVEC LES CARTES

Les cartes du coffret sont les clés pour entrer dans votre thème. Elles vous permettent de mieux comprendre les énergies qui vous entourent.

Elles constituent un bon support d'apprentissage de l'astrologie et vous accompagneront dans votre cheminement astral sur la voie lactée.

Une fois le repérage effectué sur votre thème astral, vous pouvez à présent utiliser les cartes du coffret et les superposer à votre thème pour découvrir ce qu'il renferme.

Dans l'exemple du thème choisi :

+ Vous avez repéré que Pluton et Vénus sont en maison 6, en Capricorne.
+ Les deux planètes sont l'une à côté de l'autre : elles forment une conjonction.
+ Prenez les cartes dans le jeu qui correspondent à Vénus et Pluton, à la maison 6, au Capricorne et à l'aspect Conjonction. Lisez et imprégnez-vous des mots-clés de chacune des cartes.
+ Laissez venir à vous votre ressenti lorsque vous découvrez les mots, les couleurs et les images.
+ Recommencez avec chaque planète figurant sur la carte astrale.

VÉNUS
ESSENCE
ARCHÉTYPE
FONCTION
OMBRE
PLUTON
ESSENCE
ARCHÉTYPE
FONCTION
OMBRE
Transformation
Maîtrise du Scorpion
CAPRICORNE
Architecte
MOTS-CLÉS
LUMIÈRE
OMBRE
ESSENCE : Terre - Cardinal - Yin
MAISON 6
MOTS-CLÉS
ESSENCE
CONJONCTION
MOTS-CLÉS
SPÉCIFICITÉ
Archétype du Bélier
MC
AC
EP
Pluton
15° 45'
13° 50'
Vénus

Vous pouvez également découvrir l'énergie de chaque maison. Chacune représente les champs d'expérience (voir p. 15) :

+ Repérez la cuspide de chaque maison pour trouver son signe (voir p. 16).
+ Puis prenez les cartes des maisons et des signes pour découvrir l'énergie que renferme ce champ d'expérience.

Dans l'exemple, la cuspide de la maison 2 tombe en Lion.

LA LECTURE AVEC LES JETONS PLANÈTE

Pour reproduire votre thème, vous pouvez également utiliser le plateau et les jetons Planète.

Le plateau permet de mieux comprendre les secteurs des maisons et de voir quels sont les plus habités par les planètes.

Reprenons l'exemple du thème précédent :

✦ Repérez les planètes. Prenez les jetons qui leur correspondent et disposez-les sur le plateau comme ci-dessous.

✦ D'un seul coup d'œil, vous apercevez les secteurs les plus concernés par les planètes. Ce seront des domaines importants dans votre vie.

+ Puis prenez les cartes qui correspondent à un secteur particulier : par exemple, ici, la maison 5 est habitée par trois planètes (Soleil, Saturne et Mercure).

+ Regardez dans votre thème astral la cuspide de la maison 5 (ici, en Scorpion).

+ Puis disposez les cartes correspondantes ensemble.

+ Lisez les cartes, imprégnez-vous des images, des couleurs, et voyez ce qui résonne en vous. Être en interaction avec son thème permet de mieux s'en pénétrer.

LES TIRAGES D'ORACLE AVEC LES CARTES

Une question, une émotion à travailler vous interpellent dans un domaine particulier de votre vie ?

Vos cartes peuvent aussi, si vous ressentez cet appel, vous servir pour interroger les oracles.

Utilisez le plateau comme support : il vous indiquera à quel endroit disposer la carte Maison, puis les autres. Voici comment procéder :

+ Tirez une carte parmi les Maisons pour savoir quel domaine devrait être mis en lumière dans l'instant présent.
+ Puis tirez une carte parmi les Planètes pour apprendre quel type d'action serait la bienvenue.
+ Enfin, tirez une carte parmi les Signes pour connaître la manière de résoudre la situation.

Vous visualiserez ainsi quelle énergie est questionnée, votre intuition, vos sentiments, vos sensations, votre pensée.

Exemple de tirage d'oracle :

+ Vous tirez la maison 8 : disposez la carte sur le plateau dans la partie correspondant à cette maison (voir page suivante).
+ Puis vous tirez la planète Vénus : disposez la carte à côté de celle de la maison 8.
+ Enfin, vous tirez le signe du Bélier : joignez-la aux deux autres.
+ Connectez-vous aux images, couleurs et mots-clés des cartes tirées. Regardez le champ d'expérience concerné par la maison 8 (voir p. 15). Quelles réactions et réflexions cela provoque-t-il chez vous, à l'instant présent ?

✦ Accueillez tout ce qui vous vient à l'esprit et notez-le dans un cahier qui vous servira de fil conducteur. Notez la situation actuelle dans ce domaine. Selon vous, qu'est-ce qui devrait être mis en lumière dans ce champ d'expérience précis ? Comment pouvez-vous agir en utilisant l'énergie de la planète et du signe qui sont venus à vous ?

Variante :

En sélectionnant la maison à interroger, vous pouvez aussi questionner directement un champ d'expérience particulier. Tirez alors une carte Planète et une carte Signe et lisez-les pour faire émerger une réponse.

LES SIGNES

♈ BÉLIER

21 mars au 19 avril / Feu – Cardinal

- Le Bélier est le premier signe : il initie la roue du zodiaque. Il marque le début du printemps, nous sommes à l'équinoxe.

- Imaginez l'énergie demandée au bourgeon pour percer la terre au printemps et devenir une belle plante. Le Bélier est une énergie de propulsion, qui va de l'avant. Représentez-vous l'animal fonçant droit devant lui. C'est l'étincelle de vie qui jaillit pour se lancer sur notre chemin. Dans le cycle de notre évolution, nous nous situons au stade de notre naissance.

- **La planète qui domine le Bélier est Mars.** Dans la mythologie, Mars représente Adès, le dieu de la guerre : ce preux chevalier s'en va défendre l'opprimé et, épris de justice, tranche de son glaive ce qui se détourne de la vérité.

- Le Bélier est traversé par cette énergie fougueuse : il fonce tête baissée, sans réfléchir toutefois aux conséquences de ses actes. Il est fortement individualiste, pensant à lui de prime abord, mais un justicier se cache au fond de lui.

- Ressentez cette énergie de Feu qui chauffe à l'intérieur du corps du Bélier et qui lui apporte l'impulsion pour se mettre en marche. Ce feu pourrait toutefois se transformer en feu de paille.

♉ TAUREAU

20 avril au 21 mai / Terre – Fixe

- Le Taureau apparaît juste après la fougue du Bélier. Il ralentit le rythme pour éviter que le feu du Bélier ne se transforme en feu de paille. Il vient tempérer son élan pour mieux s'ancrer à la Terre.

- Nous sommes au milieu du printemps, l'abondance est dans la nature, on sent les odeurs qui émanent de toutes les fleurs et les plantes qui s'épanouissent. Dans le cycle de notre vie, nous nous situons au stade où nous sommes nourris par notre mère : on apporte au bébé les moyens de se développer, de grandir.

- **La planète qui domine le Taureau est Vénus.** Dans la mythologie, Vénus représente Aphrodite, la déesse de l'amour. Elle diffuse ses valeurs à travers ses actes.

- Le Taureau est robuste, persévérant, endurant, permettant d'ancrer ses actes, mais il peut être buté, entêté, n'aimant pas le changement.

- Ressentez l'énergie de la Terre foulée par le Taureau, qui l'ancre et le stabilise. Elle lui apporte la force de se tenir debout. Toutefois, attention à cette énergie qui pourrait trop le retenir et le figer sur place.

♊ GÉMEAUX

22 mai au 20 juin / Air – Mutable

- Le signe des Gémeaux arrive à la fin du printemps. La végétation est en pleine expansion. Les insectes volent et virevoltent. Les abeilles butinent : en transmettant le pollen, elles mettent en lien les organes masculins et féminins des fleurs, permettant ainsi la fécondation dans le cycle de la vie des plantes. Pendant cette période, on ressent bien l'énergie de légèreté, de mouvement.

- Écoutez la sonorité du mot « Gémeaux » : on peut entendre « J'aime les mots », indiquant l'importance de la communication pour ce signe. Si l'on revient au cycle d'évolution de l'enfant, à ce stade, il commence à découvrir ce qui l'entoure, il s'éveille à son environnement proche, ses frères et sœurs.

- **La planète qui domine les Gémeaux est Mercure.** Dans la mythologie, Mercure est Hermès, le messager des dieux. Il met en lien et est porteur des mots.

- Les Gémeaux sont dans le mouvement, la communication, l'adaptabilité, mais ils peuvent devenir superficiels à force de batifoler à droite et à gauche.

- Ressentez l'énergie de l'Air qui soulève le Gémeaux et le rend libre comme l'air. Toutefois, attention à ce que cette brise ne se transforme en mistral et l'empêche de se poser.

♋ CANCER

21 juin au 22 juillet / Eau – Cardinal

- Le Cancer arrive au moment du solstice d'été, lorsque le soleil est au plus haut dans le ciel, mais il marque le début des jours qui raccourcissent. À cette période, les plantes forment leurs graines. Elles sont récoltées et mises en sommeil. La nature est en gestation, tout comme le Cancer qui symbolise la fécondité, la maternité, la mère.

- Le Cancer est en quête de la construction de sa famille, son foyer sera important. Il a un désir d'étreindre et de protéger. Il prend soin de sa famille, de ses proches. Il est attaché non seulement aux valeurs familiales, mais aussi à son terroir, à sa patrie.

- **La planète qui domine le Cancer est la Lune.** L'astre de nos nuits évolue par cycle, au plus haut et au plus bas, comme ce que peut vivre un Cancer. Le Cancer est représenté par un crabe. Il marche à reculons, figurant un retour en son intériorité. Il représente également le passé, l'enfance, le foyer parental et marital, mais aussi notre foyer intérieur, notre ancrage et notre sécurité.

- Le Cancer aime prendre soin d'autrui : il pourrait cependant infantiliser l'autre par excès de protection. À vouloir chercher son reflet dans les regards extérieurs, il peut aussi sombrer dans le narcissisme.

- Ressentez l'Eau couler dans les veines du Cancer. Cette eau qui enveloppe le fœtus dans un cocon et lui apporte sa protection. Cette eau qui coule des yeux quand surgissent des émotions.

♌ LION

23 juillet au 22 août / Feu – Fixe

* Le lion, roi de la savane, brille au beau milieu de la plaine. Il avance la tête haute. La nature est à son comble : tout est floraison, les fruits sont à maturité. Les couleurs sont enivrantes. Le soleil est à sa pleine puissance, son intense chaleur réchauffe la terre : elle permet à toute la végétation de s'épanouir. C'est le temps des vacances en famille, pendant lesquelles les enfants extériorisent leur joie de barboter dans l'eau, courir dans les champs, jouer entre eux. C'est aussi le moment d'exprimer sa créativité.

* Les enfants venus au monde pendant cette période sont nés dans la toute-puissance de l'éclat du soleil, ce qui crée chez eux le besoin d'étinceler, de resplendir et de manifester qui ils sont. Après cette période de retour à soi en Cancer, l'être peut maintenant s'exprimer pleinement. Toutefois, il pourrait devenir dominateur et se laisser mener par son orgueil.

* **La planète qui domine le Lion est le Soleil,** l'astre qui étend son rayonnement, diffuse sa lumière et sa chaleur sur toute la Terre.

* Le piège du Lion est d'avoir trop conscience de lui-même, ce qui l'empêche d'être dans la simplicité. Le Lion peut être dans un rayonnement créateur ou dans le besoin de briller.

* Ressentez ce Feu qui enveloppe le Lion d'une aura pleine de magnificence. Mais attention à ne pas se laisser emporter par cette puissance jusqu'à en oublier toute humilité.

♍ VIERGE

23 août au 22 septembre / Terre – Mutable

* La Vierge arrive au moment de la rentrée. C'est la fin de l'été, la cloche de l'école va bientôt retentir. Le temps de la moisson est arrivé et la récolte de ce qui a été semé peut commencer. Tout sera sélectionné, réduit, mesuré. Nous mettons de l'ordre dans nos affaires et les préparons soigneusement. Les enfants retrouvent les bancs de l'école pour apprendre et se perfectionner.

* La Vierge est un signe de perfectionnement de soi, de mesure, d'analyse, et elle aime parfaire son lieu de vie. Elle a besoin de se rendre utile et de se mettre au service des autres. Elle n'a pas toujours conscience de sa valeur et vivra plutôt en dessous de ses capacités.

* **La planète qui domine la Vierge est Mercure**, la planète de la pensée. Après avoir créé du lien en Gémeaux, Mercure apporte ici le sens de l'analyse et du perfectionnement.

* La Vierge a un vrai souci de perfection et une volonté de servir. Son perfectionnisme la pousse souvent à une forte autocritique. Elle possède également une grande qualité de discernement et de présence, ce qui la rend efficace dans l'ici et maintenant.

* Ressentez cette terre une fois moissonnée, nettoyée, redevenue vierge, prête à recevoir de nouvelles graines. Cette terre qui sert l'Homme, sans qui nous ne pourrions vivre et dont nous sous-estimons parfois la valeur.

♎ BALANCE

23 septembre au 22 octobre / Air – Cardinal

- La Balance arrive au moment de l'équinoxe d'automne. Les jours et les nuits s'équilibrent. Nous parvenons au septième signe du zodiaque et passons au-dessus de l'axe de l'horizon. Nous sortons du chemin parcouru à la recherche de soi-même et nous nous engageons sur celui qui nous fait découvrir le monde, et plus particulièrement l'autre.

- Après s'être perfectionné en Vierge et avoir retrouvé une certaine humilité, nous pouvons maintenant rencontrer notre alter ego. En Balance, nous nous relions à l'autre et formons un couple ou une association.

- **La planète qui domine la Balance est Vénus.** La Vénus du Taureau se fait sensuelle, la Vénus de la Balance se veut relationnelle.

- La Balance est un signe d'harmonie et de recherche de paix. Elle pourrait toutefois se trouver indécise devant un choix à faire. En voulant trop faire plaisir à l'un ou à l'autre, elle n'ose choisir. Et comme dit l'adage : « Entre les deux, mon cœur balance. » C'est également le symbole de la justice.

- Imaginez l'Air qui souffle sur les deux plateaux de la Balance pour les garder en équilibre, d'égal à égal, au même niveau. Il ne voudrait pas être trop fort pour ne pas déséquilibrer la Balance au risque de déclencher un conflit.

♏ SCORPION

23 octobre au 21 novembre / Eau – Fixe

- Le Scorpion nous amène dans l'alchimie de la régénération. Nous sommes maintenant au milieu de l'automne. Tout dans la nature se meurt pour pouvoir renaître au printemps. La métamorphose va commencer à se mettre à l'œuvre dans les entrailles de la Terre.

- Lorsque le Scorpion a conscience de sa lumière, il est capable d'employer sa puissance pour détruire les ombres, d'aller dans ses profondeurs pour mettre au jour ce qui est caché.

- **Les planètes qui dominent le Scorpion sont Mars et Pluton.** Dans la mythologie, Pluton est Hadès, le roi des enfers.

- Le Scorpion approfondit la relation, rabote l'ego de chacun pour permettre de cheminer d'égal à égal. Descendre dans l'ombre, mourir et renaître sont les énergies qui l'habitent. Il sait ce qui se cache derrière les apparences. Il est en connexion avec l'inconscient collectif, le monde de l'invisible et les secrets. C'est également un signe de pouvoir, de passion, et plutôt doué pour les affaires. Son univers touche donc celui de l'argent, mais également celui du sexe et du pouvoir.

- Imaginez l'Eau venue des profondeurs, ravinant le fond pour faire remonter à la surface tout ce qui était caché. Visualisez aussi l'eau des marécages où pousse la magnifique fleur de lotus, capable d'aller puiser au fond l'énergie pour faire émerger sa magnificence.

♐ SAGITTAIRE

22 novembre au 21 décembre / Feu – Mutable

- Le Sagittaire est le globe-trotteur du zodiaque. Avec son optimisme légendaire et poussé par une quête existentielle, il part à la conquête de territoires étrangers. C'est la fin de l'automne. En apparence, tout semble mort, mais nous savons que tout renaîtra aux beaux jours.

- Après nous être suffisamment confrontés à nos ombres en Scorpion et avoir entamé le processus de métamorphose, nous repartons à la découverte du monde en Sagittaire afin d'élargir notre horizon.

- **La planète qui domine le Sagittaire est Jupiter.** Dans la mythologie, Jupiter est Zeus, le fils de Cronos, qui a mené la rébellion contre son père avec ses frères Hadès et Poséidon.

- Le Sagittaire est un signe optimiste, qui exprime ouvertement sa joie. Il a un idéal élevé et n'hésite pas à s'aventurer vers des terres lointaines. Il pense, souvent à tort, que tout le monde sait et possède le même niveau de conscience que lui. Il est porteur d'une certaine foi et en fait profiter les autres.

- Avec le Sagittaire, le Feu est de nouveau à l'honneur, un feu devenu mature et dont les flammes montent jusqu'aux cieux. Imaginez le feu sacré, lors de rituels, qui permet de voyager et de s'ouvrir à la spiritualité.

♑ CAPRICORNE

22 décembre au 19 janvier / Terre – Cardinal

- Avec le Capricorne, voici venu le temps de la sagesse. Au solstice d'hiver, nous entrons dans la saison hivernale, avec l'arrivée des fêtes de fin d'année et les lumières qui scintillent dans les rues et les maisons. Les jours commencent à rallonger. La nature est dans son plus simple appareil, dépouillée de tous ses artifices.

- Le Capricorne est un signe ambitieux, qui cherche à s'élever socialement mais aussi spirituellement. Il peut être l'homme d'affaires qui grimpe les échelons ou, au contraire, l'ascète qui se réfugie dans la montagne pour méditer. Il aime la solitude et aspire à maîtriser, cadrer et limiter tout ce qui peut déborder. Il évoque nos structures et notre rigidité. Il représente l'autorité.

- **La planète qui domine le Capricorne est Saturne.** Dans la mythologie, Saturne est Cronos : il apporte une notion de temps à ce signe qui se révèle en arrivant à la fleur de l'âge.

- Le Capricorne est représenté par une chèvre aux longues cornes. Dans la montagne, ces animaux sont capables de grimper des chemins escarpés et se contentent de peu pour se nourrir.

- C'est un signe de Terre. Observez les montagnes qui se sont formées il y a des millions d'années. Elles structurent notre paysage comme si elles représentaient la colonne vertébrale de la Terre. Elles s'élèvent au plus haut dans le ciel. Ne dit-on pas « solide comme un roc » ?

♒ VERSEAU

20 janvier au 18 février / Air – Fixe

- Le Verseau nous amène dans les eaux de la connaissance, c'est l'éveilleur du zodiaque. Nous sommes au milieu de l'hiver, la nature est au repos en surface. Mais la vie souterraine s'active pour préparer bientôt le renouveau.

- Le Verseau est un signe qui aime les bouleversements, les changements. Il a cinq idées à la minute. Il aime son indépendance et, surtout, ne reste pas sur ses acquis : au contraire, il passe son temps à les remettre en question. C'est un utopiste qui voudrait refaire le monde. Il est également humaniste : « Liberté, Égalité, Fraternité » est sa devise.

- **Les planètes qui dominent le Verseau sont Saturne et Uranus.** Dans la mythologie, Uranus est Ouranos, le Ciel qui engendre l'humanité en fécondant la Terre, Gaïa.

- Le Verseau n'est pas représenté par un animal, mais par un verseur d'eau. Du haut des cieux, il déverse les eaux de la connaissance sur le monde et nous ouvre à l'éveil. Pourtant, son élément est l'Air – l'Air du mental supérieur, de la connaissance suprême.

- Ressentez l'Air qui entre dans vos poumons, vous permettant de vivre et de vous sentir libre d'aller et venir : on dit « se sentir libre comme l'air ». L'air est universel. C'est lui aussi qui permet aux avions de voler et nous offre de découvrir le monde.

♓ POISSONS

19 février au 20 mars / Eau – Mutable

* Avec les Poissons, voici le dernier signe : l'heure est venue de faire le bilan de ce que l'on a traversé. C'est la fin de l'hiver, le cycle se termine, bientôt les premiers bourgeons sortiront de terre pour en recommencer un autre. La nature est à la fin de son hibernation, mais pas encore au début de la germination.

* Les Poissons évoluent dans les eaux mouvantes et semblent être insaisissables. Ils ressentent une grande émotivité. Ils sont connectés à leur imaginaire et à l'âme du monde.

* **Les planètes qui dominent les Poissons sont Jupiter et Neptune.** Dans la mythologie, Neptune est Poséidon, le roi des mers et des océans. Il règne sur l'immensité aquatique qui recouvre le monde.

* C'est un signe de compassion, de dévouement, animé par un besoin de servir un idéal. Mais son côté éponge peut lui apporter de la confusion, l'amenant à ne plus savoir qui il est et à se laisser happer par son environnement.

* Imaginez-vous face à la mer, les yeux tournés vers l'horizon. Le bleu de la mer se confond avec celui du ciel. On se sent tout petit devant cette immensité. Tout comme la vague qui se forme n'est qu'une fractale de cette mer, nous faisons partie de ce monde et sommes reliés à l'Univers. L'eau de la mer coule dans nos veines, nos organes. Sans l'eau, nous ne pourrions vivre. Les poissons se meuvent dans cette mer, ils ne se posent pas de question, ils savent qu'ils font partie de ce Grand Tout.

LES MAISONS

♈ MAISON 1

J'expérimente mon identité et je découvre qui je suis

- La maison 1 est également la maison de l'ascendant, le signe qui se lève à l'horizon au moment de la naissance.

- Les énergies du signe de l'ascendant me permettent de découvrir qui je suis. Plus j'utilise mes qualités, plus je nais à moi-même. Il indique également mon potentiel d'énergie vitale à développer.

- Les planètes – surtout la plus proche de l'ascendant – qui se trouvent dans cette maison sont celles qui m'aident à incarner ma personnalité.

♉ MAISON 2

J'expérimente mes ressources et je découvre mes dons

- La maison 2 renferme mes dons, mes capacités, mon sens des valeurs, mes acquis et mes possessions.

- Elle indique mon attitude vis-à-vis de l'argent, du monde matériel, de mon corps et de la nature.

- Les planètes qui s'y trouvent montrent de quelle manière je me connecte avec ces énergies et j'utilise mes possessions et mes dons.

♊ MAISON 3

J'expérimente mon apprentissage et mon proche environnement, et je découvre ma capacité de communication

- La maison 3 correspond à mon environnement proche, mes frères et sœurs, mes cousins, mes voisins, et à mon aptitude à entrer en lien avec ce qui m'entoure.

- Elle représente également les courtes études, les petits déplacements. Elle peut aussi indiquer les liaisons adultérines.

- Les planètes qui s'y trouvent renseignent sur ma façon de communiquer, de penser, d'apprendre et de créer du lien.

♋ MAISON 4

J'expérimente mes racines et mon ressenti, et je découvre mes fondements

- La maison 4 correspond au foyer : le foyer parental, mais aussi celui que je crée, et mon foyer intérieur, ma stabilité.

- Elle représente également mes racines et ma lignée ancestrale, les propriétés, l'immobilier.

- Les planètes qui s'y trouvent renseignent sur ma façon de retrouver mon centre, mon intériorité et ma stabilité.

♌ MAISON 5

J'expérimente mes passions et je découvre ma créativité

- La maison 5 correspond à l'expression et l'affirmation de soi. Elle figure les amours vécus, les enfants et les projets qui naîtront de ma créativité.

- Elle représente les loisirs et la capacité d'amour que l'on peut donner à autrui.

- Les planètes qui s'y trouvent renseignent sur ma façon de m'affirmer, de vivre mes amours, d'être avec mes enfants et de mettre au monde mes créations.

♍ MAISON 6

J'expérimente mon quotidien et je découvre comment l'améliorer

- La maison 6 correspond à l'amélioration de soi et la capacité à se mettre au service des autres en toute humilité.

- C'est une maison de servitude, de labeur, du travail au quotidien, notamment les soins que l'on peut apporter aux maladies bénignes. Elle représente aussi les animaux domestiques.

- Les planètes qui s'y trouvent renseignent sur ma façon de me perfectionner, m'améliorer et œuvrer dans mon quotidien, mais également celle de me mettre au service des autres.

- La maison 6 est la dernière maison sous l'horizon qui a débuté avec la maison 1. Ces six premières maisons représentent le cheminement personnel.

♎ MAISON 7

J'expérimente la relation et je découvre le contact avec l'autre

* La maison 7 est la première maison au-dessus de l'horizon. Elle correspond à mon entrée en relation avec l'autre. On l'appelle aussi le « descendant ».

* Elle représente mon couple, les associations que je peux avoir, les contrats que je peux signer. C'est une maison où l'on n'est plus seul, on rencontre l'autre. C'est un miroir relationnel. L'autre peut être un conjoint, un associé, un ami, voire un ennemi. Son signe montre comment l'autre me perçoit. Dans cette maison, il existe un effet miroir, projetant mes attentes sur l'autre.

* Les planètes qui s'y trouvent renseignent sur ma façon d'entrer en relation avec l'autre.

♏ MAISON 8

J'expérimente l'ombre de l'autre et je découvre ma puissance de transformation

- La maison 8 correspond à mon évolution au sein de mon couple. Elle indique de quelle manière je meurs à mes certitudes, comment je rentre en relation avec l'ombre de l'autre et je vis le partage avec lui.

- C'est aussi une maison où le karma n'a pas été réglé, des mémoires remontent à la surface. Elle parle du pouvoir, de la sexualité, mais également des héritages, des capitaux et des affaires où l'on œuvre avec l'argent des autres. Elle n'est pas toujours facile : elle peut représenter les épreuves difficiles, les pertes, les maladies graves et la mort. L'énergie de mort et de renaissance colore cette maison.

- Les planètes qui s'y trouvent renseignent sur ma façon de descendre dans mes profondeurs et de me métamorphoser pour pouvoir renaître à la lumière.

♐ MAISON 9

J'expérimente l'élargissement de mon horizon et je découvre ma spiritualité

- Après m'être transformé dans la maison 8, je peux maintenant partir à la découverte du monde. La maison 9 correspond à l'ouverture de la conscience au monde qui m'entoure, les voyages lointains, l'étranger, les grandes études, la foi.

- Elle représente la quête de sens, l'éveil à la spiritualité.

- Les planètes qui s'y trouvent renseignent sur ma façon de m'ouvrir au monde et à la spiritualité, d'idéaliser ma vie – par exemple en agissant avec Mars, en intellectualisant avec Mercure.

♑ MAISON 10

J'expérimente la vie en société et je découvre mon positionnement social

- La maison 10 correspond à mon positionnement dans la société, mes relations sociales, ma carrière professionnelle. Elle peut indiquer le métier avec lequel je suis le plus en résonnance.

- À l'opposé de la maison 4 qui demandait un retour à soi et parlait de vie privée, la maison 10 propulse dans le monde, dans la vie publique.

- Les planètes qui s'y trouvent renseignent sur la façon dont je vais exercer mon autorité, comment je me positionne dans la vie sociale. Elles peuvent aussi indiquer le type de personnes que je suis susceptible de rencontrer dans ma vie publique.

♒ MAISON 11

J'expérimente la vie de groupe et l'amitié, et je découvre ma fraternité

- La maison 11 correspond aux amitiés tissées et à mon positionnement dans les groupes, mon réseau relationnel.

- Dans cette maison, on a envie de refaire le monde à l'image de notre idéal et de se sentir libre. Elle représente ceux qui peuvent m'aider à réaliser mes projets. Après avoir peaufiné mon œuvre en maison 5, je peux maintenant l'exposer aux yeux du monde en maison 11.

- Les planètes qui s'y trouvent renseignent sur ma façon d'agir collectivement pour œuvrer à un monde meilleur.

♓ MAISON 12

J'expérimente la vie en retrait et je découvre ma connexion à l'Univers

- La maison 12 est une maison de bilan, la maison de l'âme, de l'inconscient, où l'on est en contact avec les plans subtils.

- Elle peut représenter un lieu de souffrance si on ne se sent pas connecté, relié à l'Univers dans lequel on baigne depuis notre naissance. Elle invite à la compassion, l'amour inconditionnel et la transcendance. On peut s'y sentir inspiré et développer une certaine clairvoyance. C'est aussi une maison de soin des longues maladies, mais également des mémoires du collectif, du psychisme, de la retraite et de l'enfermement. Attention à ne pas se laisser happer par les méandres de l'inconscient.

- Les planètes qui s'y trouvent se doivent d'être vécues à un plus haut niveau, au-delà de notre personne. Elles représentent notre manière de nous connecter aux mondes invisibles et du mystère.

LES PLANÈTES

⊙SOLEIL

- Le Soleil représente la qualité d'énergie que l'âme a choisi de venir répandre dans ce monde. La lumière du Soleil est diffusée dans la maison qu'il occupe. Il vient mettre un éclairage dans ce champ d'expérience. Il est notre élan de vie.

- Le feu solaire brûle en notre for intérieur, c'est notre carburant. Si nous ne l'alimentons pas, nous devenons la proie des énergies des autres.

- Le Soleil est la qualité d'amour que l'on a à donner, la vibration que l'on envoie dans le monde. Nous vibrons sur l'énergie de notre signe solaire avec :
  + un mental qui va s'exprimer sur l'énergie du signe de Mercure et œuvrer dans la maison de Mercure ;
  + une intelligence du cœur, des valeurs qui vibrent sur l'énergie du signe de Vénus, dans la maison où elle est située ;
  + une action qui va s'exprimer sur l'énergie du signe de Mars, dans la maison où il est situé.

☾ LUNE

- La Lune symbolise l'incorporation de l'âme dans une personnalité humaine avec ses besoins et ses émotions. Tout comme nos émotions, elle est fluctuante. Elle a besoin d'être stabilisée et, pour se sentir en sécurité, d'être nourrie. C'est notre part humaine, notre conscience humanisée, qui va vivre les expériences.

- Notre monde émotionnel sera imprégné des énergies du signe de la Lune. Quand nous nous sentons dévitalisés, nous devons nourrir notre Lune. En ésotérisme, la Lune peut être un frein en raison de ses besoins humains. Elle représente une réalité que l'on s'est construite.

- Mieux comprendre la Lune, ses aléas émotionnels, permet de nourrir le Soleil. Elle représente ce que l'on a reçu comme affection de la part de notre mère.

- La Lune parcourt le zodiaque en vingt-huit jours, passant de la nouvelle lune à la pleine lune, avec des phases ascendantes et des phases descendantes.

☿ MERCURE

- Mercure symbolise notre intellect, notre manière de penser, d'apprendre et de créer du lien.

- Mercure en signe et en maison représente la mise en mots et en pensées des valeurs du Soleil, ainsi que la manière et l'aptitude à apprendre et découvrir ce qui nous entoure. Mercure va développer des stratégies mentales au service du Soleil. Elle montre aussi notre curiosité et notre soif de découverte du monde qui nous entoure.

- Mercure parcourt le zodiaque en quatre-vingt-huit jours. On la considère comme une planète personnelle et rapide. Mercure en transit apporte une lucidité mentale sur la planète avec laquelle elle forme un aspect.

♀ VÉNUS

- Vénus diffuse l'énergie du signe à travers nos valeurs. Elle est une véritable intelligence du cœur.

- Elle représente ce que l'on aime, ce qui nous procure du plaisir et de la joie. Elle symbolise également l'harmonie, la beauté, l'attachement, les possessions et la recherche d'équilibre. L'ombre de Vénus pourrait nous amener à briller et séduire pour obtenir ce que l'on veut. Dans sa pleine lumière, nos valeurs s'expriment à partir de notre cœur.

- Vénus parcourt le zodiaque en deux cent vingt-cinq jours. On la considère comme une planète personnelle et rapide. Vénus en transit dans notre thème natal met en valeur la planète avec laquelle elle forme un aspect et la maison qu'elle visite.

♂ MARS

- À travers la planète Mars, nous agissons. On pose des actes imprégnés des énergies de son signe et dans le lieu où elle est située.

- Mars est le défenseur du royaume de notre Soleil. Il est important de nourrir son énergie pour ne pas la voir se dévitaliser.

- Serons-nous dans l'action ou dans la réaction ? Est-ce que l'on va attaquer pour se défendre ou sommes-nous prêts à exprimer un acte relié au cœur ? Vénus aime ; Mars part à la conquête de ce qui comblera Vénus.

- Mars parcourt le zodiaque en six cent quatre-vingt-neuf jours. On la considère comme une planète personnelle et rapide. Mars en transit apporte de l'énergie pour agir.

♃ JUPITER

- Jupiter est la planète de l'expansion, du partage, du vivre ensemble.

- Elle diffuse la joie, l'optimisme, voit le côté positif et la lumière qui se cache derrière l'ombre. Elle aime l'abondance, elle est épicurienne, avec un sens du collectif important. Jupiter a une foi naturelle et croit en sa bonne étoile. Elle est également garante de la loi.

- La maison où se situe Jupiter est un champ d'expérience où l'on trouvera de la bienveillance, une protection et où l'on peut développer de l'abondance.

- Jupiter met douze ans à parcourir le zodiaque. Jupiter en transit reste environ un an dans un signe. Elle apporte des opportunités, des facilités, de la joie, de l'optimisme, la foi, mais elle peut aussi venir amplifier un problème : tout dépend comment elle est vécue dans le thème natal.

♄ SATURNE

- La maison où se situe Saturne sera un champ d'expérience où l'on ressentira comme un frein, un empêchement, où l'on aura le sens du devoir fort, un surinvestissement et un sentiment de solitude. C'est un lieu de peur, du karma, où l'on sent qu'on a un devoir à accomplir et où on laisse une trace.

- Dans la maison où elle est située, Saturne nous invite à lâcher prise, à aller à l'essentiel et à prendre nos responsabilités. Nous devons apprendre la patience dans ce champ d'expérience. Avec elle, on se réalise dans le temps, sur le tard. Son âge d'or est la vieillesse.

- Saturne parcourt le zodiaque en vingt-huit ans. Elle régit nos cycles de sept ans. Nous vivons son premier retour vers vingt-neuf ans, âge de l'entrée dans la vie d'adulte. Saturne en transit est un point de rendez-vous important dans la maison concernée. Elle y apporte blocage et ralenti pour pouvoir prendre du recul et faire nos choix.

♅ URANUS

- Avec Uranus, nous entrons dans l'énergie des planètes transpersonnelles, au-delà de Saturne, pour pénétrer dans le monde des planètes collectives qui vont avoir une influence sur le monde.

- Uranus apporte l'élargissement de notre conscience, nous ouvre à une autre forme d'intelligence, celle de l'Univers. Elle a un principe de détachement, de libération. La maison où elle se situe est le champ d'expérience où l'on pourra exprimer notre originalité, notre différence. C'est aussi à cet endroit que l'on aura envie de se sentir libre. Elle porte en elle des valeurs de révolutionnaire et de grand défenseur des libertés.

- Uranus parcourt le zodiaque en quatre-vingt-quatre ans. Elle va rester longtemps dans un même signe. Son transit nous projette dans l'avenir, que l'on y soit prêt ou non. Elle apporte des bouleversements, qui seront vécus plus ou moins difficilement : tout dépend de notre aptitude à accueillir le changement. Uranus est là pour nous déstabiliser, mais peut aussi nous libérer.

♆ NEPTUNE

- La maison où se trouve Neptune est un lieu de grâce. Elle nous ouvre à l'amour inconditionnel, à la compassion et à une foi en la bonté de l'Univers. Elle peut toutefois nous plonger dans l'hypersensibilité et nous laisser submergé par un certain idéalisme. La sensation de flottement et de flou n'est jamais très loin de Neptune.

- Neptune vient nous demander d'élever notre conscience sur un autre plan, pour quitter celui de la réalité humaine.

- Neptune parcourt le zodiaque en cent soixante-quatre ans, elle reste donc très longtemps dans un même signe. Le transit de Neptune floute, trouble, apporte une forme de détachement : on se retrouve sans repère. Elle peut nous faire voir les choses comme on aimerait qu'elles soient, en voilant notre bon jugement.

♇ PLUTON

- Dans la maison où se situe Pluton nous aurons tendance à vouloir tout contrôler et y déverser nos obsessions. C'est le champ d'expérience où nos instincts sont les plus intenses, où l'on va essayer d'exercer notre pouvoir. On peut s'y trouver en contact avec la mort de quelque chose pour vivre une métamorphose. On peut y vivre une certaine humiliation, de l'angoisse. Pour vivre au mieux cette maison, on doit faire preuve d'une grande humilité.

- Pluton nous fait vivre des crises, traverser des expériences que l'on ne maîtrise pas : si on comprend la leçon, elle nous fait sentir notre puissance régénératrice. Sinon, on subit les événements. Avec cette planète, nous n'avons pas beaucoup de marge de manœuvre : elle nous demande de laisser le passé et de faire place au renouveau.

- Pluton parcourt le zodiaque en deux cent quarante-huit ans et reste donc très longtemps dans un même signe. Le transit de Pluton fait remonter à la surface l'ombre du signe et de la planète qui forme un aspect avec elle.

⚸ LUNE NOIRE

- La Lune noire représente toutes les mémoires de souffrance accumulées de vie en vie qui n'ont pas été réglées. La maison où elle se situe est le champ d'expérience dont on ne veut pas entendre parler. C'est un lieu de charge émotionnelle négative, dans lequel l'énergie est bloquée et où l'on peut ressentir des peurs.

- Lorsque l'on a expérimenté l'énergie du signe de la lune noire dans des vies passées, la situation a dégénéré. Nous avons abusé de cette énergie. Dans ce champ d'expérience, nous éprouverons une peur inconsciente d'être rejeté par les autres. Nous y ressentons des énergies émotionnelles et vitales, non assimilées par l'ego, qui se sont condensées sous la forme de peurs, d'angoisses, de désirs de mort, de perte de conscience et de confusion.

- Il y a comme une nécessité de vivre l'énergie du signe de la Lune noire dans la plus haute dimension.

⚷ CHIRON

- Chiron était le précepteur des dieux, celui qui soignait avec les plantes. Dans la mythologie grecque, Chiron est un centaure, mais différent des autres : il est réputé pour sa sagesse et ses vastes connaissances. Il a initié de nombreux héros. Il fut blessé et échangea son immortalité pour arrêter sa souffrance.

- Chiron dans le thème figure une blessure profonde, mais souvent inconsciente. D'un point de vue karmique, on peut dire qu'il représente la blessure de l'âme – on parle aussi de blessure existentielle. La maison où se situent Chiron et son signe symbolise un champ d'expérience et une énergie à guérir.

- Chiron est un astéroïde qui se situe entre la planète Saturne (passé) et la planète Uranus (avenir). Il est en quelque sorte une clé pour nous amener à un certain déconditionnement et ouvrir les portes sur notre conscience spirituelle. Il est notre guide sur le chemin à la découverte de la spiritualité et la clé de notre éveil.

☋ NŒUD SUD

- Les deux nœuds lunaires – Nord et Sud – représentent l'axe de la destinée.

- Le nœud Sud correspond à ce qui vient de notre passé. Il symbolise nos comportements instinctifs, ce qui est inné chez nous. On dit que c'est une énergie que l'on a déjà contactée dans des vies passées et que l'on a exacerbée.

- La maison dans laquelle se positionne le nœud Sud est assez confortable pour nous : nous y avons nos petites habitudes. Tellement confortable que l'on peut y rester dans des schémas répétitifs de comportements. L'énergie du nœud Sud ayant été exagérée, elle se doit d'être vécue, dans cette vie, de manière consciente.

- Les planètes qui sont conjointes au nœud Sud seront vécues en excès. Leur énergie sera déformée : par exemple, excès de sensiblerie avec la Lune, de Yang avec le Soleil ou Mars.

☊ NŒUD NORD

- En opposition au nœud Sud , le nœud Nord représente l'énergie que nous devons contacter dans cette vie. Même si le nœud Sud correspond à notre passé, il renferme en lui des qualités innées que l'on peut mettre au service du nœud Nord lorsqu'on en prend conscience.

- Le nœud Nord symbolise notre chemin d'évolution. Comme c'est une énergie nouvelle, il peut ne pas être facile d'y avancer.

- Les planètes conjointes au nœud Nord seront des aides pour contacter l'énergie qu'il représente, sauf pour Saturne qui demandera une certaine discipline et de la responsabilité pour nous diriger vers notre destinée.

℞ PLANÈTES RÉTROGRADES

- Les planètes rétrogrades – marquées par un R sur la carte du thème astral – indiquent que l'énergie représentée par cette planète et son signe doit être vécue différemment : elle doit être intériorisée pour mieux la comprendre. Il faut du temps pour parvenir à utiliser plus aisément cette énergie. On ne peut lui en demander trop.

- D'un point de vue karmique, une planète rétrograde indique une fonction, une énergie que nous aurions exacerbées dans une vie passée et que nous devons utiliser à présent avec une conscience plus élevée.

LES ASPECTS PRINCIPAUX, LES ÉLÉMENTS ET LES MODES

CONJONCTION

- On dit que des planètes sont « en conjonction » lorsqu'elles sont très rapprochées l'une de l'autre. Dans ce cas, elles sont positionnées pratiquement sur le même degré d'un signe avec un écart toléré de plus ou moins 3°, voire 10° lorsque le Soleil ou la Lune est l'une des planètes.

- Pour certains astrologues, les planètes doivent se situer dans le même signe ; pour d'autres, elles peuvent être dans deux signes qui se suivent. Par exemple, si Mars est en Bélier à 29° et Vénus en Taureau à 1°, on peut les considérer en conjonction. Ce cas de figure s'appelle également un « aspect dissocié », puisque les planètes ne sont pas dans le même signe. Ces planètes unissent leurs énergies et œuvrent ensemble. **Elles agissent de concert, mais cela peut provoquer une certaine confusion lorsqu'elles sont très proches.**

- Chaque aspect porte en lui l'archétype d'un signe du zodiaque. Pour le déterminer, il suffit de regarder le nombre de degrés entre les planètes. Pour la conjonction, nous sommes sur 0°. Nous prenons en compte l'ensemble des douze signes du zodiaque. Comme chaque signe comprend 30°, douze signes forment 360° : la roue du zodiaque comprendra ainsi 360°, le Bélier commençant à 0° et le Taureau, 30° plus loin. Comme la conjonction est déterminée avec un écart de 0°, elle représente l'archétype du Bélier (Mars), ce qui permet de comprendre encore mieux l'énergie portée par un aspect. Le Bélier donne une impulsion pour un nouveau départ.

- Il existe également une recherche d'unité ou de fusion entre ces deux planètes. La plus rapide vient s'imprégner de l'énergie de la plus lente.

SEXTILE

- Les planètes sont espacées de 60° l'une de l'autre. Le degré 60 démarre avec le Gémeaux : nous sommes donc sur l'archétype du Gémeaux.

- Les signes du zodiaque se suivent et ont tous une polarité soit négative, soit positive. Ainsi :
  - Bélier – Gémeaux – Lion – Balance – Sagittaire – Verseau : polarité positive.
  - Taureau – Cancer – Vierge – Scorpion – Capricorne – Poissons : polarité négative.

  Ces polarités fonctionnent sur les mêmes énergies que le Yin et le Yang, le Masculin et le Féminin.

- **Cet aspect est un symbole de communication, d'entente, de compréhension.** Les planètes s'entendront bien entre elles et leur communication sera facilitée.

CARRÉ

- Les planètes sont espacées de 90° l'une de l'autre. Le degré 90 démarre avec le Cancer : nous sommes donc sur l'archétype du Cancer.

- **C'est un aspect émotionnel.** Les planètes sont en tension pour apporter du dynamisme et du changement. Elles vont se contredire, se contrecarrer et associer leur côté négatif. On va considérer le côté négatif de chaque planète dans son thème et chercher à l'améliorer. Leurs énergies ne s'entendant pas, la vie se chargera d'apporter des évènements pour trouver un moyen de les accorder. Le lieu de changement sera le champ d'expérience où se situe la planète la plus rapide et qui subit la plus lente.

- Les carrés se forment dans les trois modes (voir p. 95) :
  - Cardinal : concerne la façon d'agir et de réagir, la volonté. Nous devons comprendre quelque chose à propos de notre affirmation. Sommes-nous trop impulsifs, impatients, colériques ?
  - Fixe : concerne l'attachement aux choses, la stabilité. Sommes-nous trop possessifs ? Avons-nous du mal à affronter le changement ? Nous pourrions être confrontés à des pertes pour apprendre à nous détacher.
  - Mutable : concerne la connaissance, l'intellect et la manière de communiquer. Avons-nous du mal à penser par nous-mêmes ? Sommes-nous trop cérébraux ? Nous sommes testés sur notre capacité à ouvrir notre pensée, à l'élargir.

TRIGONE

* Les planètes sont espacées de 120° l'une de l'autre. Le degré 120 démarre avec le Lion : nous sommes donc sur l'archétype du Lion.

* **C'est un aspect de créativité.** Les planètes associent leur force pour développer de la créativité. Par exemple, un trigone entre Saturne et Mars apportera de la persévérance dans une initiative qui ira jusqu'au bout. Les qualités de chaque planète et de chaque signe en question seront mises en avant. En raison des facilités ainsi procurées, sans aspect de tension dans le thème, on pourrait manquer de dynamisme dans la vie. Par exemple, avec un carré associé au trigone, nous irions chercher les talents du trigone pour apaiser la tension créée par le carré.

* Les trigones se forment dans les quatre éléments :
  + Feu : dynamisme, volonté, élan créateur ;
  + Terre : concret, pratique, stabilité, tranquillité ;
  + Air : mental, communication, relationnel ;
  + Eau : sensibilité, intuition, spiritualité, côté artiste, guérison et compassion.

QUINCONCE

- Les planètes sont à 150° l'une de l'autre. Le degré 150 démarre avec la Vierge : nous sommes donc sur l'archétype de la Vierge. Il est aussi en lien avec l'archétype du Scorpion. Ces deux signes ont en commun la transformation de soi.

- **C'est un aspect difficile où les énergies génèrent une tension intérieure.** Il demande un travail sur soi, d'aller voir les limites que l'on s'impose inconsciemment. Il nous fait toucher à nos croyances négatives, à nos peurs inconscientes. Avec un quinconce, un travail d'estime de soi doit être entrepris.

- Les planètes ne se comprennent pas, elles ne peuvent être vécues simultanément. C'est soit l'une soit l'autre, en alternance.

OPPOSITION

- Les planètes sont à 180° l'une de l'autre. Le degré 180 démarre avec la Balance : nous sommes donc sur l'archétype de la Balance.

- **C'est un aspect relationnel impliquant l'autre.** Les planètes se font face pour trouver une certaine harmonie. On cherche à trouver un équilibre entre les deux énergies : on est soit opposé, soit complémentaire. Il est important de regarder l'axe de l'opposition en maison. Il y a toujours une planète au-dessus de l'horizon (ce que l'on projette sur l'autre) et une en dessous (personnel). Regardons, si nous positionnons la planète située au-dessus de l'horizon dans la maison sous l'horizon, comment elles peuvent associer leurs côtés positifs.

- Lorsqu'il n'y a pas d'opposition dans un thème, la personne peut avoir des difficultés à se positionner dans sa relation à l'autre : il peut s'agir d'une peur de la relation ou peut-être une façon de se centrer sur soi avec une tendance à s'isoler.

- Imaginez un Mars en Bélier et une Vénus en Balance : Mars dit « moi, je » et Vénus dit « oui, mais les autres comptent aussi ». Mars agira sans conscience de l'autre, alors que Vénus voudra plaire au plus grand nombre. Il faudra alors trouver la voie du milieu.

FEU

EAU

TERRE

AIR

LES ÉLÉMENTS

✷ Feu : l'idéalisme, le désir, le dynamisme

✦ Signes : Bélier, Lion, Sagittaire.

✦ C'est l'élément le plus intense, mais aussi le plus fugace.

✦ Une carence en Feu peut apporter des difficultés à se mettre en route, à aller de l'avant.

✦ Un excès de Feu va inciter à prendre trop de place, à agir avant de réfléchir.

✷ Terre : l'ancrage, le corps, la matérialité

✦ Signes : Taureau, Vierge, Capricorne.

✦ Une carence en Terre rend difficile l'ancrage.

✦ Un excès de Terre apporte de l'inertie, de la difficulté à bouger. Tous les sens sont en éveil.

✷ Air : la capacité d'esprit, l'intellect

✦ Signes : Gémeaux, Balance, Verseau.

✦ Une carence en Air apporte un manque d'objectivité, tout est pris à cœur.

✦ Un excès d'Air apporte une sensation d'être coupé de son corps et entraîne dans les grandes idées.

✷ Eau : le psychisme, les émotions, la sensibilité

✦ Signes : Cancer, Scorpion, Poissons.

✦ Une carence en Eau apporte une difficulté dans l'expression des sentiments, une certaine sécheresse.

✦ Un excès d'Eau apporte une forte émotivité, mais aussi de l'hypersensibilité.

CARDINAL
FIXE
MUTABLE

LES MODES

✷ Les modes sont des qualités apportées aux signes et aux maisons, comme une vibration complémentaire aux énergies déjà existantes en chacun.

Il existe trois modes différents, chacun apportant sa vibration à quatre signes, une teinte supplémentaire aux énergies véhiculées :

+ Le mode cardinal : débute et génère de l'énergie.
Impulse – Initie – Met en mouvement.
Signes : Bélier, Cancer, Balance, Capricorne.

+ Le mode fixe : concentre et concrétise l'énergie.
Fixité – Résistance – Stabilité.
Signes : Taureau, Lion, Scorpion, Verseau.

+ Le mode mutable : distribue l'énergie, finalise et s'adapte au nouveau changement qui va avoir lieu.
Mobilité – Flexibilité – Adaptabilité.
Signes : Gémeaux, Vierge, Sagittaire, Poissons.

✷ Le zodiaque évolue en fonction de l'année et, donc, des saisons :

+ le Bélier étant le premier signe et marquant le début du printemps, il sera un signe cardinal ;

+ puis nous passons au milieu du printemps, avec le Taureau qui est, lui, un signe fixe ;

+ enfin, nous arrivons à la fin du printemps, avec le signe des Gémeaux qui est un signe mutable.

Et ainsi de suite pour chaque saison.

REMERCIEMENTS

Une dédicace toute particulière à mon amie Sonia qui m'accompagne sur les chemins de l'astrologie.

Je remercie Elizabeth Sens et Véronique Ballan pour leurs cours, leurs séminaires et leurs enseignements, ainsi que pour leur écoute.

Je remercie également les astrologues qui m'ont transmis leur savoir à travers leurs livres, tels que Luc Bigé, Éric Berrut, Dane Rudhyar et Pierre Lassalle, entre autres.

Toutes et tous m'ont aidée à trouver l'inspiration pour l'écriture de ce livre et la création des cartes : je leur en suis reconnaissante.

58, rue Jean Bleuzen – 92178 Vanves Cedex

Direction : Catherine Saunier-Talec
Responsable éditoriale : Lisa Grall
Responsable de projet : Séverine Corson-Schneider
Responsable artistique : Cécilia Rehbinder avec Nicole Dassonville
Édition : Margo Vitrac
Principe graphique et réalisation : Élodie Ascenci
Fabrication : Anne-Laure Soyez
Responsable partenariats : Dana Lichiardopol (dlichiardopol@hachette-livre.fr)

Dépôt légal : octobre 2021
ISBN : 978-2-01-716891-1
76-3939-7

Imprimé en Chine par Toppan